PETIT ZEN

Le sommeil des petits

C'est l'heure de dormir

Une histoire de Sophie de Mullenheim
et des exercices de yoga de Shobana R. Vinay
illustrés par Candela Ferrández.

FLEURUS

JOUETS

– Victor ! appelle papa. C'est l'heure d'aller au lit.
Mais Victor n'a aucune envie de se coucher.
Il joue et ne veut pas s'arrêter.
– Vroum ! Vrouuuuum !
Il pousse ses petites voitures pour une course
à travers toute la chambre.
– Allons ! Au lit ! dit papa.
Il prend les voitures, les pose au milieu de la chambre
et porte Victor dans son lit
en lui faisant un gros bisou pour la nuit.
– Au dodo, champion !

Mais sitôt la porte fermée, Victor rallume la lumière, récupère ses voitures et joue de plus belle.

– Vrouuuuuum ! Vrouuuuuum !

Papa rouvre la porte.

– Victor ! C'est l'heure de dormir.

– J'ai pas envie.

– Mais si tes voitures ne se rechargent pas au parking pendant la nuit, dit papa, elles ne pourront pas rouler demain.
Victor accepte de garer ses voitures dans un coin.
– Et maintenant, au lit !

Victor se glisse sous sa couette,
mais c'est plus fort que lui : ses mains
font bouger des voitures imaginaires. Vroum !
– Doucement ! Arrête de gesticuler, murmure papa.
Imagine plutôt que tu es une statue.
Victor se fige, ravi de jouer encore un peu.

Mon petit temps de yoga

Cette posture est celle de l'arbre.
Elle t'aidera à calmer ton corps, à te préparer à la nuit.

Mets-toi debout, les jambes un peu écartées. Ancre au sol une jambe, puis plie l'autre en ramenant le talon sur le genou. Le talon est orienté vers le haut. Si tu as du mal à rester en équilibre, tu peux mettre simplement un pied sur l'autre.

En inspirant, joins les deux mains au-dessus de ta tête avec les bras tendus. Fixe par terre ou devant toi un point, un objet ou le mur. Cela t'aidera à garder l'équilibre.

En expirant, reviens à ta position initiale, avec les bras le long du corps et les deux pieds au sol. Puis change de jambe. Répète trois fois la posture sur chaque côté.

Mais quand papa s'apprête à sortir à nouveau, Victor se redresse d'un coup.

– J'ai oublié de dire bonne nuit à mes doudous !

Sans attendre la réponse de papa, il sort de son lit et attrape ses peluches sur l'étagère pour leur faire de gros câlins. Et jouer un peu avec elles aussi... en les faisant sauter sur son lit.

– Boing, Monsieur Hippo ! Boing ! Boing, Tigrou !
– Laisse-les dormir, maintenant. Tes doudous doivent reprendre des forces pour pouvoir jouer demain. Et toi aussi… Allons, au dodo !
l'encourage papa.

– J'ai envie de faire pipi, s'écrie alors Victor.
Dans le couloir, il se prend pour une voiture de course.
Il passe par le salon et la cuisine avant d'aller
aux toilettes. Il n'a pas du tout envie de dormir.
Pendant ce temps, papa cherche un moyen
de calmer son petit garçon.

Victor revient en traînant les pieds
et se couche en boudant.
– Tu es bien trop excité pour dormir, remarque papa.
Il faut d'abord te calmer pour réussir
à trouver le sommeil.
– Je peux jouer, alors ?
– Non, j'ai une autre idée, dit papa, je vais te lire
une histoire. Ferme les yeux et écoute-moi.

Mon petit temps de yoga

Dans cet exercice, ton papa ou ta maman parcourt avec ses doigts ton corps, de la tête aux pieds. C'est comme une baguette magique qui va détendre ton visage, ton ventre...

Allonge-toi sur le dos confortablement, les bras le long du corps et les jambes légèrement écartées. Ferme les yeux. Inspire et expire lentement par la bouche quelques secondes. Puis reprends ta respiration normale, par le nez.

Concentre-toi sur la baguette magique de tes parents et les zones qu'elle effleure. Détends successivement ton visage, ton cou, ton épaule droite, ton bras droit : le coude, l'avant-bras, jusqu'à tes doigts.

Détends ensuite ton côté gauche. Puis relâche le buste, le ventre, les cuisses, les genoux, les jambes, les pieds, jusqu'aux orteils.

Tu as bien dépensé ton énergie depuis ce matin ; ton corps et ta tête vont se reposer toute la nuit pour être en pleine forme demain. Peut-être dors-tu déjà !

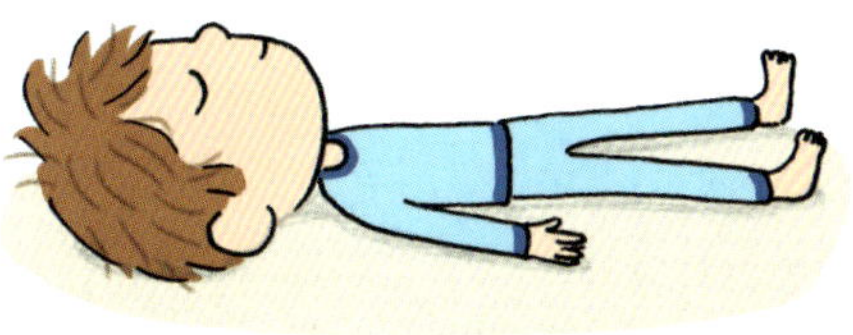

Victor est tout tranquille, à présent.
Papa s'est assis sur son lit pour lui lire une histoire.
Pas une histoire de voiture, non,
une histoire de chevalier plutôt, ou de dragon peut-être,
à moins que ce ne soit une histoire de lapin...

Victor ne sait pas très bien, car tandis que papa raconte, il se calme peu à peu et s'endort pour de bon.

– Bonne nuit, champion ! murmure papa en refermant le livre.

Le coin des parents

À chaque enfant et à chaque parent sa façon de vivre l'heure du coucher. Parfois, c'est un moment plus difficile à vivre pour votre petit, d'où l'importance d'en faire un temps privilégié et apaisé.

Sans s'exciter

Bien avant le moment du coucher, éliminez tout ce qui excite : écrans, lumière vive, musique trop forte... Privilégiez une ambiance feutrée et douce pour permettre à votre enfant de se préparer doucement à la nuit.

Ni trop long...

Votre enfant a besoin d'un moment calme pour terminer sa journée, mais inutile de prolonger indéfiniment le coucher. Choisissez deux ou trois petits rituels et tenez-vous toujours à ce même schéma.

... Ni trop court !

À la fin de la journée, la fatigue pousse parfois à expédier le temps du coucher. Hélas, un parent stressé et pressé rend son enfant nerveux, alors ce que vous espériez court risque de s'éterniser...

Surprise !

Laissez votre enfant vous imposer, lui aussi, son propre rituel. Il se cache toujours sous la couette ? Compte au moins dix bisous ? Voilà sa façon à lui de s'approprier ce moment et d'en faire un temps de complicité.

Un moment d'échange

Le temps du coucher est parfois celui des confidences. Restez à l'écoute des petits chagrins ou des questions de votre enfant et essayez d'y apporter une réponse simple. Se coucher avec un poids en moins sur le cœur est tellement plus facile…

Rions un peu…

Si votre enfant a peur de se coucher, tentez une pointe d'humour pour dédramatiser. Bordez-le très serré dans son lit, par exemple, cela l'amusera, et en plus, il se sentira parfaitement entouré et protégé.

À plus tard

La nuit est un moment de séparation parfois inquiétant pour votre enfant ; terminez toujours la journée avec la promesse de se revoir. C'est tellement rassurant. À demain !

Les bienfaits du yoga

La pratique du yoga permet d'apprendre à canaliser ses émotions, son énergie, et de développer la confiance en soi. La respiration y joue un grand rôle : elle aide à retrouver le calme, à se détendre.

Selon l'âge de votre enfant, son intérêt et sa souplesse, une séance peut durer entre cinq et dix minutes. Aidez-le à bien prendre la position, sans jamais le forcer.